AF381143

CHECKLIST ONDERNEMINGSPLAN

BELANGRIJKE INFORMATIE

- **Namen:** bedrijfsplan, ontwikkelingsplan

- **Gebruikt:** over het algemeen wordt een ondernemingsplan gebruikt om nieuwe bedrijven op te richten of nieuwe producten te lanceren. Met een ondernemingsplan kan de haalbaarheid van een project worden beoordeeld, rekening houdend met de kenmerken van de markt, en wordt het marketingplan vastgesteld.

- **Redenen voor de doeltreffendheid ervan:** een ondernemingsplan helpt om de grenzen en de vooruitzichten van een bedrijfsproject vast te stellen door alle punten met betrekking tot de lancering van het bedrijf in detail te beschrijven: product, markt, middelen, enz. Het is verplicht bij de oprichting van een nieuwe onderneming en bij het verkrijgen van externe financiering. Het helpt bovendien de strategie op korte en middellange termijn en de financiële rentabiliteit van het project vast te stellen, evenals de belangrijkste succesfactoren. De in het ondernemingsplan vastgelegde prognoses en strategieën worden vervolgens gebruikt om het goede verloop van de activiteiten van de onderneming te controleren en indien nodig bij te sturen om de oorspronkelijk vastgestelde doelstellingen zo efficiënt mogelijk te verwezenlijken.

CHECKLIST ONDERNEMINGSPLAN

Plan uw weg naar zakelijk succes

50MINUTES.com

CHECKLIST ONDERNEMINGSPLAN

Plan uw weg naar zakelijk succes

geschreven door Antoine Delers
vertaald door Nikki Claes

50MINUTES.com

- **Trefwoorden:**

  - <u>Financieel plan</u>: een plan waarin de financiële inputs en outputs van een structuur gedetailleerd zijn opgenomen, met name de historische en geraamde kosten en de inkomensoverzichten.

  - <u>Markt</u>: strikt genomen alle ondernemingen, klanten, leveranciers en andere tussenpersonen die bij dezelfde activiteit betrokken zijn; in ruimere zin omvat het de producten, grondstoffen en derden die met de markt in wisselwerking staan.

  - <u>Marktonderzoek</u>: kwalitatieve en/of kwantitatieve analyse van verschillende belanghebbenden, zoals klanten, leveranciers, concurrenten en markttrends.

  - <u>Marketingmix</u>: de coherente combinatie van de variabelen prijs, product, plaats en promotie (communicatie) van een activiteit, gericht op de consument om hem aan te zetten tot kopen.

  - <u>DEPEST-analyse</u>: de studie van de macro-economische factoren (demografische, economische, politiek-juridische, ecologische, sociaal-culturele en technologische factoren) van de omgeving die de ontwikkeling van een onderneming kunnen beïnvloeden. Deze analyse heeft geen betrekking op de micro-economische omgevingsfactoren, die weliswaar ook buiten de onderneming liggen, maar specifiek zijn voor de sector waarin een onderneming actief is.

  - <u>SWOT-analyse</u>: de studie van de interne en externe omgeving waarmee de sterke en zwakke punten, de kansen en bedreigingen van een bepaalde onderneming kunnen worden geïdentificeerd.

INLEIDING

De oorsprong van het ondernemingsplan valt samen met een groeiende wens om een zekere stabiliteit, met name op het gebied van financiering, voor een nieuwe onderneming (realisatie van een project, oprichting van een bedrijf, enz.) tot stand te brengen en te waarborgen. Om de toekomstige situatie van een ondernemingsproject te beschrijven, met het doel dat te realiseren, is een ondernemingsplan nodig. Vooral in de jaren zeventig – een periode waarin de crises en sectoroverschrijdende veranderingen (als gevolg van de oliecrisis en de komst van de computer) zich opstapelden – werd dit instrument onmisbaar om een onderneming doeltreffend op te starten en te leiden. Het stelt de gebruikers in staat de aandacht te trekken van besluitvormers, managers, bankiers, enz. Dit zijn allemaal potentiële belanghebbenden die, als zij het winstpotentieel zien, wellicht in het project willen investeren.

DEFINITIE VAN HET MODEL

Het ondernemingsplan verschaft informatie aan managers, aandeelhouders en potentiële geldschieters door een overzicht te geven van de (nieuwe) onderneming, haar ontwikkelingsmodellen, haar strategische keuzes en haar omgeving. Concreet beschrijft het document voornamelijk:

- **de onderneming en haar belangrijkste kenmerken**, via een beschrijving van haar strategie en toekomstige doelstellingen, een studie van de sterke en zwakke punten van de (nieuwe) onderneming en, tenslotte, een presentatie van het toekomstige team

- **de markt en de klanten,** door middel van marktonderzoek dat de derden informeert over de toestand van de markt (groei, potentieel, enz.), de klanten (aankoopgedrag, enz.), de concurrenten, de leveranciers en andere belangrijke tussenpersonen

- **de verwachte concurrentie**, waarin de belangrijkste sterke punten van de concurrenten worden opgesomd, met inbegrip van de concurrentievoordelen die de (nieuwe) onderneming zal trachten te behalen

- **het marketingplan**, waarin de voorgestelde marketingstrategie voor het product of de dienst in detail wordt beschreven

- **het operationele plan**, dat de dagelijkse organisatie van het bedrijf beschrijft, met name via een analyse van de waardeketen en de verschillende procedures

- **het financiële plan**, dat het ondernemingsplan aanvult met een financiële prognose over meerdere jaren, inclusief het verwachte rendement op de investering (ROI). Dit is het deel dat investeerders en bankiers het meest zal interesseren. Het omvat voornamelijk de verwachte inkomsten en uitgaven gedurende de eerste jaren van de lancering, maar ook het investeringsplan, de verschillende beoogde financiële partners en de verwachte balansen en resultatenrekeningen

THEORIE

Hoewel de term al meer dan een eeuw bestaat, verspreidde het gebruik van het ondernemingsplan zich pas eind jaren zestig en begin jaren zeventig (het einde van het "culturele decennium" van de jaren zestig en het ontstaan van de oliecrises vanaf 1973). In die tijd werden twee belangrijke veranderingen waargenomen:

- de terughoudendheid van investeerders

- de opkomst en ontwikkeling van IT

DE TERUGHOUDENDHEID VAN INVESTEERDERS

Na de crisissen die investeerders ontmoedigden, werd het voor bedrijven die op zoek waren naar financiering noodzakelijk om hun projectpresentatie te ontwerpen en er aandacht aan te besteden om potentiële aandeelhouders doeltreffend te overtuigen. Hun pitch moest gestructureerd, professioneel en zo realistisch mogelijk zijn.

De omkering van de vraag- en aanbodcurve zette investeerders ertoe aan voorzichtiger te zijn bij hun financiering: zij wilden er nu zeker van zijn dat zij geen enkel detail over het hoofd zagen. Nu de daling van de vraag samenviel met een toename van het aantal steeds riskantere projecten, werd het essentieel om dankzij een stabiele basis – d.w.z. een objectief en realistisch ondernemingsplan – te kunnen garanderen dat de onderneming levensvatbaar was. Eveneens in verband met deze verandering verplichtte de toegenomen concurrentiekracht de ondernemers om strenger te werk te gaan (keuze en anticipatie op mogelijke risico's) bij de oprichting van een bedrijf of de lancering van een nieuw product, hetgeen hen ertoe bracht een voorstudie uit te voeren om de kans op succes te bevestigen.

DE OPKOMST EN DE ONTWIKKELING VAN IT

De tweede verandering houdt verband met het verschijnen van computers en immateriële (virtuele) producten. De opkomst van Silicon Valley in de Verenigde Staten, de bakermat van de technologiebedrijven, heeft tot deze ontwikkeling bijgedragen. Enerzijds vereiste de oprichting van vele start-ups aanzienlijke investeringen. Anderzijds moesten investeerders de levensvatbaarheid en de ROI van de door hen gefinancierde projecten garanderen.

DE SITUATIE VANDAAG

Tegenwoordig is het opstellen van een ondernemingsplan vrijwel onmisbaar geworden voor het beheer en het opzetten van nieuwe activiteiten, of zelfs voor het opgeven van bepaalde activiteiten en de daaruit voortvloeiende herschikking van middelen. Leiders hebben een solide en consistente basis nodig om vanuit te werken en investeerders hebben bepaalde essentiële informatie nodig om hun geld met vertrouwen te investeren. In een klein aantal gevallen is het ontbreken van dit document gerechtvaardigd. Deze gevallen worden besproken in het deel over de beperkingen van het model.

DE 9 BELANGRIJKSTE STAPPEN NAAR SUCCES – HET KLASSIEKE ONDERNEMINGSPLAN

Het ondernemingsplan is een toekomstverwachting voor een project, zijn strategie en zijn financiële overzichten. Hoewel er niet één juiste manier is om het op te stellen (er zijn varianten mogelijk en een ondernemingsplan kan zeven tot twaalf hoofdstukken omvatten), hebben wij ervoor gekozen het plan in negen delen te presenteren.

1. Samenvatting

2. Voorstelling van het bedrijf en het managementteam

3. Marktonderzoek

4. Analyse van het klantenbestand

5. Analyse van de concurrentie

6. Marketingplan

7. Operationeel plan

8. Financieel plan

9. Bijlagen

Samenvatting

De executive summary (of management summary) is een overzicht van één of twee pagina's van het project, bedoeld voor de betrokken leidinggevenden en derden.

Deze samenvatting moet beknopt de belangrijkste uit-
gangspunten van het businessplan weergeven: het
soort producten en diensten dat wordt gecreëerd, de
strategie die wordt uitgevoerd, de klanten en tot slot de
financiële gegevens, waaronder de ROI. De samenvatting moet volledig zijn, zodat de lezer zich snel een
beeld kan vormen van het potentieel van het project.

Voorstelling van het bedrijf en het managementteam

Het tweede deel van het ondernemingsplan betreft de
onderneming zelf, haar algemene strategie, haar doelstellingen op korte, middellange en lange termijn, als-
mede haar sterke punten en ambities (toekomstige
uitdagingen). In deze fase van de studie kan het nuttig
zijn een SWOT-analyse te gebruiken om de onderneming en haar omgeving te beschrijven: de ondernemer
kan van deze gelegenheid gebruik maken om de sterke
en zwakke punten en de kansen en bedreigingen in
kaart te brengen.

In een SWOT-analyse zijn de sterke punten de inherente
activa van de onderneming, zoals de ligging op een voor
het bedrijfsleven gunstige plaats, terwijl de zwakke
punten de (interne) nadelen vertegenwoordigen. De
kansen en bedreigingen ten slotte (externe factoren)
geven de toekomstperspectieven van de onderneming
aan. Het is aan de onderneming om gebruik te maken
van de kansen en de bedreigingen te vermijden en om
de zwakke punten te corrigeren met behulp van haar
sterke punten.

Hier moeten ook de doelstellingen van de onderneming op korte, middellange en lange termijn worden omschreven: groei van het marktaandeel, toename van het aantal klanten, grotere winstgevendheid, enz.

Ten slotte omvat de presentatie van de onderneming een beschrijving van het managementteam, dat wil zeggen de ervaring, de bijdragen en de toekomstige verantwoordelijkheden van de partners die de onderneming zullen opstarten en leiden.

Marktonderzoek

Marktonderzoek presenteert de markt als geheel, samen met factoren buiten het bedrijf die enige invloed zouden kunnen hebben op het toekomstige bedrijf (of de toekomst van het bedrijf). Het doel van dit deel is niet om de klanten en hun gedrag te beschrijven, maar om meer in het algemeen de samenstelling van de huidige markt, de te verwachten trends, de geldende wetgeving, enz. weer te geven. Om een volledig en nauwkeurig overzicht van de externe situatie te krijgen, kan een DEPEST-analyse worden uitgevoerd. Hierbij wordt de macro-economische omgeving voorgesteld aan de hand van een kader van zes factoren.

- **Demografische factoren.** Wat is de demografische situatie?

- **Economische factoren.** Wat zijn de rentevoeten en de groeicijfers? Wat is het monetaire beleid?

- **Politiek-juridische factoren.** Hoeveel regeringsdruk is er? Hoe politiek stabiel is de situatie? Welke wetten gelden er in de sector? Welke consumentenbescherming bestaat er?

* **Ecologische factoren.** Wat zijn de milieunormen? Welk beleid voor duurzame ontwikkeling is er?

* **Sociaal-culturele factoren.** Welke normen en waarden volgt de maatschappij?

* **Technologische factoren.** Welke technologieën en nieuwe octrooien zijn beschikbaar?

Dit type analyse heeft tot doel de geschiktheid en de legitimiteit van de oprichting van een nieuwe onderneming op de markt te bevestigen.

 MARKTONDERZOEK

Marktonderzoek is meestal de basis van elk ondernemingsplan. Het is een bijna verplichte stap, omdat het de ondernemer in staat stelt zich bewust te worden van de werkelijke omstandigheden van de markt waar zijn bedrijf deel van uitmaakt. Het wordt echter vaak verwaarloosd omdat het tijd kost en de mensen die aan het project werken deze tijd liever besteden aan concrete acties om het bedrijf op te zetten. Marktonderzoek wordt gebruikt voor de volgende situaties:

markttrends identificeren om te zien of de doelmarkt al dan niet gunstig is voor de nieuwe onderneming

doelklanten definiëren: hun herkomst en hun koopgedrag

de concurrentie beter leren kennen: Zijn de concurrenten goed gevestigd? Welke producten bieden ze aan? Wat zijn hun sterke punten of concurrentievoordelen?

aspecten in verband met leveranciers achterhalen (hun aantal, overeenkomsten en eventuele marges)

andere invloeden, zoals de locatie, handelswetten, sociale normen en andere partners identificeren

Analyse van het klantenbestand: wie zijn de doelklanten?

De analyse van het klantenbestand is een van de belangrijkste punten die in het ondernemingsplan moeten worden uitgewerkt, want zonder klanten komt er natuurlijk niet veel geld binnen! De analyse heeft dus tot doel het klantenbestand te beschrijven waarop men zich in de toekomst wil richten. In dit stadium moet duidelijk worden wie deze klantenkring vormt, hoe deze moet worden gesegmenteerd, welk verzorgingsgebied moet worden gekozen, enz. Statistische instituten kunnen gewoonlijk een belangrijk deel van deze informatie verschaffen.

Ook de consumentenbehoeften, d.w.z. wat de consumenten willen, moeten in dit onderdeel een belangrijke plaats innemen om de kenmerken van de doelklanten te bepalen. Marktonderzoek op dit gebied is dus noodzakelijk om de koopgewoonten en -wensen van de consumenten, hun koopkracht en de prijs die zij bereid zijn te betalen te observeren, met als doel producten te produceren die aan hun behoeften kunnen voldoen.

Analyse van de concurrentie

Vervolgens moet meer aandacht worden besteed aan factoren buiten de onderneming die een rechtstreekse rol spelen in haar sector en die het delicate evenwicht tussen vraag en aanbod beïnvloeden. In dit deel worden de verschillende concurrenten die reeds op de markt aanwezig zijn belicht en worden hun producten, hun prijzen en hun concurrentievoordelen geanalyseerd. Het doel is te weten hoe de onderneming hen kan overwinnen en welk concurrentievoordeel zij kan ontwikkelen. Hoewel dit moeilijk is om volledig uit te voeren, zal een SWOT-analyse van de concurrenten hun sterke en zwakke punten in kaart brengen.

Ten slotte kan ook een classificatie van directe en indirecte concurrenten interessant blijken en de onderneming mag geen van deze concurrenten verwaarlozen.

* **Directe concurrenten** zijn degenen die een dienst verlenen die identiek is aan die van de onderneming om aan een soortgelijke behoefte te voldoen.

* **Indirecte concurrenten bieden** een andere dienst aan, maar voorzien in dezelfde behoefte.

Marketingplan of de marketingmix

Dankzij de uitgevoerde klant- en concurrentieanalyses wordt het vervolgens mogelijk de strategie te bepalen voor het bereiken van de toekomstige consumenten en een marketingplan op te stellen. Dit plan, ook wel "marketingmix" genoemd, beschrijft de belangrijkste elementen van de marketingstrategie van een product of dienst.

- **Product.** Wat is het aangeboden product of de aangeboden dienst?

- **Prijs.** Is de prijs afgestemd op die van de concurrenten? Hoe kan een prijsverschil het koopgedrag van de klant beïnvloeden?

- **Plaats (distributiekanalen).** In welke verkoopkanalen zal het product of de dienst worden gedistribueerd? Online? In de winkel?

- **Promotie (communicatie en verspreiding).** Welke reclamemiddelen moeten worden gebruikt? Welke toon moet worden gebruikt in de communicatie? Welk beeld en welke waarden willen we overbrengen?

Deze mix van vier variabelen maakt het mogelijk een samenhangend plan te ontwikkelen voor de uitvoering van een marketingstrategie. De belangrijkste punten van de eerder uitgevoerde SWOT-analyse kunnen naast dit plan worden gebruikt.

 DE 7 P'S THEORIE

Hoewel de 4 P's een doeltreffende en logische combinatie vormen voor het structureren van een marketingplan, geven sommigen er de voorkeur aan nog twee, drie of vier elementen toe te voegen om meer nuance aan te brengen. De meest populaire aanvullende variabelen zijn "people", een concept dat de verkopers en hun vermogen om te verkopen omvat, en "physical support", dat zowel verkooppunten als promotionele locaties omvat.

Operationeel plan

Dit deel is gewijd aan het beheer van de onderneming en haar dagelijkse activiteiten: de organisatie van de verschillende afdelingen, de interacties met externe belanghebbenden (zoals leveranciers), enz. Het moet de volgende vragen kunnen beantwoorden: Hoe is het bedrijf intern georganiseerd? Hoe kan het product worden verkregen? Welke procedures zijn er? Welke aanverwante diensten worden uitbesteed? Ten slotte zijn er, afhankelijk van het formaat van het ondernemingsplan, verschillende manieren om de informatie te presenteren:

- een schema met de verschillende afdelingen, eventueel met hun onderlinge verbanden

- een gedetailleerd plan per maand van de verschillende lanceringsactiviteiten, inclusief belangrijke mijlpalen in het project

- een analyse van de waardeketen, d.w.z. een presentatie van activiteiten vanaf de onderzoeks- en ontwikkelingsfase tot de service na verkoop

Financieel plan

Aangezien faillissementen tegenwoordig vrij vaak voorkomen, vooral bij startende ondernemingen, is het criterium van de levensvatbaarheid van cruciaal belang geworden: als ondernemingen niet duidelijk levensvatbaar zijn, zullen financiers terughoudend zijn om te investeren, waardoor de dynamiek van de economie wordt afgeremd. Naast de verwachte in- en uitstroom omvat het financiële plan het investeringsplan, de beoogde financiële partners en de verwachte balansen en resultatenrekeningen.

Dit financiële plan, dat gewoonlijk drie jaar bestrijkt, is zeker een van de meest geraadpleegde onderdelen van het ondernemingsplan, omdat het betrekking heeft op de verantwoordelijkheid van de financiers gedurende de eerste drie jaar na de start en van bijzonder belang is voor bankiers en investeerders, die zich ervan willen vergewissen dat de onderneming levensvatbaar is. Investeerders zullen zich concentreren op het risico in verhouding tot de output en het rendement op de investering, terwijl bankiers zullen nagaan of de onderneming in staat zal zijn de leningen in de eerste jaren terug te betalen. Er zij op gewezen dat, hoewel een financieel plan vijf of tien jaar kan bestrijken, te ver in de toekomst projecteren kan leiden tot onnauwkeurige voorspellingen en in sommige gevallen zelfs volledig verkeerde prognoses.

Evenals het operationele plan kan dit naar behoefte op verschillende punten worden geschetst. Het houdt in:

- **Een tabel met de bestedingen en bijdragen van financiële middelen voor de start van de onderneming.** Hierin kunnen de aanloopkosten, de materiële en financiële activa, de voorraden, de beginbalans en de verschillende bijdragen en af te sluiten leningen worden opgenomen.

- **Balansen en geraamde winst- en verliesrekeningen voor de eerste drie jaar.** Hier hoeven niet de volledige documenten te worden bijgevoegd (omdat deze ook in de bijlagen van het ondernemingsplan kunnen worden opgenomen): alleen de belangrijkste cijfers moeten aanwezig zijn.

Bijlagen

Ten slotte bevat het gedeelte met de bijlagen alle documenten en informatie die niet in de hoofdtekst van het ondernemingsplan te vinden zijn. Het omvat een gedetailleerd financieel plan, marktonderzoek, de cv's van de oprichters, kopieën van bedrijfsdocumenten, octrooien en licenties en alle andere documenten die relevante informatie verschaffen.

TOEPASSINGEN VAN HET ONDERNEMINGSPLAN

ADVIES EN TIPS

Concrete toepassingen in het bedrijfsleven

Naast de twee algemene situaties die wij reeds hebben geschetst (een bedrijf starten of een groot project lanceren) en waarvoor het gebruik van een ondernemingsplan verplicht of aanbevolen is, is dit type document ook nuttig voor:

- Toezicht op de ontwikkeling van de onderneming in de loop der jaren, door als referentiedocument te dienen en ervoor te zorgen dat het project niet te ver afwijkt van de oorspronkelijke prognoses. In geval van belangrijke strategische veranderingen kan het ondernemingsplan worden aangepast (hoe sneller verschillen worden geconstateerd, hoe eerder ze kunnen worden aangepakt).

- Investeerders en kredietverleners overtuigen van de rentabiliteit van het project en de voordelen van een investering of een lening.

- Voldoen aan bepaalde wettelijke vereisten, met name de indiening van een financieel plan voor de oprichting van een NV (naamloze vennootschap) of een BVBA (vennootschap met beperkte aansprakelijkheid) dat bij de notaris neergelegde statuten moet worden gevoegd.

- Verhoging van de geloofwaardigheid in de ogen van potentiële toekomstige tussenpersonen (leveranciers, distributeurs, enz.).

DE BELANGRIJKSTE VOORDELEN VAN EEN ONDERNEMINGSPLAN

1. Het ondernemingsplan helpt om de ins en outs van het project te definiëren en ervoor te zorgen dat alle relevante kwesties zijn bestudeerd en er geen grijze gebieden overblijven. Vergeten rekening te houden met hevige concurrentie of een belemmering voor toegang tot de markt zal schadelijk zijn.

2. In verband met dit eerste voordeel wordt de strategie bepaald en de haalbaarheid van het project gewaarborgd.

3. Dit gestandaardiseerde document kan worden gepresenteerd en begrepen door alle betrokkenen, zoals investeerders en kredietverstrekkers. Zelfs als het bankrecht niet vereist dat de ondernemer een ondernemingsplan indient wanneer hij een (bank)lening aanvraagt, zal het moeilijk zijn om fondsen te werven zonder er een te hebben.

4. Ten slotte vergemakkelijkt het bedrijfsplan de planning op strategisch, operationeel en financieel niveau voor de eerste jaren en stelt het de

gebruikers in staat te beoordelen of de doelstellingen tijdens de lancering worden bereikt.

Aanbevelingen voor een effectief bedrijfsplan

- **Denk bij het opstellen van een ondernemingsplan objectief.** Het is essentieel om de verschillende punten correct en logisch in te schatten en vooral te beseffen dat het niet noodzakelijk realistisch is om jezelf aan het einde van het eerste jaar na de start van een nieuw project een onevenredig hoog salaris toe te kennen.

- **Zorg er zoveel mogelijk voor dat het project haalbaar is.** Dit lijkt vanzelfsprekend, maar voldoende winstgevend zijn na drie jaar is belangrijk om te overleven.

- **Vergelijk de prognoses met die van de concurrenten.** Zo kan je bepalen of je analyse juist is. Is dit niet het geval, corrigeer dit dan onmiddellijk.

- **Laat het plan goedkeuren door deskundigen op dit gebied.** Zij kunnen je wijzen op bepaalde zaken die ontbreken en je zo helpen je strategie te herzien, zodat je bedrijfsplan beter is afgestemd op de realiteit van de markt.

- **Laat niet-experts het ondernemingsplan lezen.** Een ondernemingsplan moet leesbaar en begrijpelijk zijn voor iedereen, of het nu specialisten op dit gebied zijn of niet.

- **Volg de veranderingen van het bedrijf op basis van het bedrijfsplan en pas dienovereenkomstig aan.**

Dit is een van de belangrijkste troeven van het instrument, omdat het nagaat of de beoogde strategie goed is uitgevoerd. Daarom is het belangrijk dat het ondernemingsplan een basis blijft voor ontwikkeling en ondersteuning van het beheer van het bedrijf, en met name voor nieuwe activiteiten, in de eerste jaren na de start.

- **Verzwijg tenslotte geen schadelijke informatie, verberg de werkelijke risico's niet en wijzig de financiele prognoses niet.** De oprichters moeten hun verantwoordelijkheid nemen als het bedrijf failliet gaat!

IMPACT

KRITIEK OP HET ONDERNEMINGSPLAN

Zoals bij elk model is er kritiek op het bedrijfsplan.

- **Het ondernemingsplan is slechts een voorlopige studie van het project en is dus geen waterdichte garantie voor de rentabiliteit.** Vele onvoorziene gebeurtenissen kunnen de opgestelde prognoses in gevaar brengen: een verkeerde berekening van de omzet, een slechte inschatting van de markt, een daling van het verbruik, een fout in het productontwerp of een prijzenoorlog met de concurrentie. Niemand kan de toekomst voorspellen, maar men mag niet vergeten dat het ondernemingsplan als basis blijft functioneren.

- **De regelmatige wijzigingen van het ondernemingsplan kunnen wat omslachtig lijken.** Bij starters of bedrijven in bijzonder onzekere sectoren (IT bijvoorbeeld, waar producten zeer snel verouderd raken) zijn wijzigingen van het plan gebruikelijk: een verandering van strategie, verbetering van het project, een onverwachte verandering van klanten, enz. Het oorspronkelijke ondernemingsplan is niet langer relevant, omdat de contouren ervan te ver van de werkelijkheid afstaan.

- **Gebrek aan middelen (tijd, energie en vaardigheden) om een volledig en doeltreffend ondernemingsplan**

op te stellen. Omdat het opstellen ervan vaak lang en vervelend is, lijkt het ondernemingsplan onwerkbaar voor jonge ondernemers die er niet genoeg tijd aan kunnen besteden. Marktonderzoek, productonderzoek, de beschrijving van de onderneming en het financiële plan vereisen ook externe middelen voor correctie en goedkeuring en beletten de ondernemer dus om zich in het begin op zijn kernactiviteiten te concentreren. Bovendien kan het feit dat ze een ondernemingsplan moeten opstellen ondernemers ervan weerhouden hun projecten voort te zetten.

- **Weinig mogelijke alternatieven.** Helaas zijn er weinig of geen alternatieven voor het ondernemingsplan. Het ontbreken ervan bij de fondsenwerving kan nadelig zijn voor de nieuwe onderneming, aangezien banken en andere financiële instellingen een solide basis willen hebben alvorens te investeren. Het is echter zeer waarschijnlijk dat deze houding ooit zal veranderen ten gunste van vereenvoudigde studies voor het starten van een bedrijf, zoals in Canada het geval is. Er zijn echter twee gevallen waarin het ondernemingsplan niet verplicht is: wanneer een ondernemer besluit om zelf de nodige middelen te verstrekken om het project te starten en wanneer ondernemingen met een hoge toegevoegde waarde, maar aanzienlijke risico's een beroep doen op individuele investeerders, investeerders van engelen of investeringsfondsen (zij zullen echter nog steeds de enkele hoofdpunten van het ondernemingsplan moeten presenteren, namelijk het toekomstige product, het nut ervan, de potentiële klanten en de verwachte omzet).

Angel investeerders

Angel Investors zijn ervaren individuele investeerders (met enig eigen vermogen) die, geleid door hun intuïtie, financiering verstrekken en hun protégés, hun expertise, hun zakelijke netwerk en hun kennis aanbieden als partners van de nieuwe onderneming. Nieuwe ondernemingen die van dit type investering gebruik maken, zijn vaak start-ups met een groot groeipotentieel die innovatieve oplossingen bieden op het gebied van nieuwe technologie of industriële technieken of op opkomende markten.

UITBREIDINGEN VAN HET BEDRIJFSPLAN

De balanced scorecard

Dit is een bedrijfsleidings- en beheersinstrument op basis van KPI's (Key Performance Indicators) dat leidinggevenden en managers een duidelijk overzicht biedt van de belangrijke activiteiten die aan de gang zijn of moeten worden uitgevoerd. Er is niet één type scorekaart, want deze wordt aangepast aan de onderneming. Ze bevat generieke indicatoren zoals omzet, maar ook indicatoren die specifiek zijn voor elke sector.

De balanced scorecard kan worden gebruikt in combinatie met het ondernemingsplan omdat ze, door de kerncijfers op te halen, helpt bij de controle en het toezicht op de nieuwe onderneming gedurende de eerste jaren. Afgezien van de bedrijfscontrole stelt dit beheersinstrument managers ook in staat te anticiperen op problemen door voorzieningen te treffen om deze later aan te pakken, maar ook om een duidelijke strategie te ontwikkelen. Dankzij de verschillende bestudeerde strategische gebieden wordt immers niets overgeslagen.

- **fi**nanciële as:** omzet, verwachte winst, winst per aandeel (WPA), rendement op investeringen (ROI), rendement op activa (ROA), enz.

- **k**lantas:** marktaandeel, mate van klanttevredenheid, retentiecijfers, enz.

- **a**s interne processen:** duur en kosten van de productie, doorlooptijd, reactietijd van de klant, enz.

- **o**rganisatorische leeras:** aantal klachten van werknemers, interne tevredenheidsgraad, aantal gevolgde opleidingen, ontwikkelingsmogelijkheden, enz.

Het Gantt-diagram

Dit is een instrument voor projectbeheer dat regelmatig wordt gebruikt in IT en engineering. Het geeft een visuele weergave van de voortgang van het project, de verschillende mijlpalen (belangrijke data) en wat er nog moet gebeuren. Dit hulpmiddel is vooral nuttig voor de planning van bedrijfslanceringen.

SAMENVATTING

- Het ondernemingsplan is een operationele gids, nuttig bij de oprichting van een bedrijf of de lancering van een groot project, waarin de richtsnoeren en de toekomstige verwachtingen (voor de komende drie jaar) nauwkeurig worden beschreven en een overzicht van het project op korte en middellange termijn wordt gegeven.

- Het is bedoeld voor leidinggevenden en projectmanagers, die ervoor moeten zorgen dat het project haalbaar is en de uitvoering ervan op de voet moeten volgen. Het zal ook helpen om investeerders te overtuigen en alle medewerkers te informeren over hun taken en verantwoordelijkheden.

- Het document bestaat uit een tiental hoofdstukken en heeft de volgende hoofddoelstellingen:

  - Presenteer het product en de voordelen ervan via het marketingplan.

  - Beschrijf de omgeving in en rond het bedrijf aan de hand van marktonderzoek.

  - Zorg voor financiële prognoses via het financiële plan.

- Het grootste voordeel is dat het een duidelijke schets van het project biedt, zonder grijze zones. Het is essentieel om een duidelijke en doeltreffende strategie te kunnen bepalen, zowel in tijden van crisis als in normale omstandigheden.

- Het ondernemingsplan is vrijwel verplicht bij het aanvragen van financiering bij overheidsinstanties en banken en heeft niet veel alternatieven. Sommige particuliere investeerders, zoals Angel Investors, geven de voorkeur aan een korte en vereenvoudigde presentatie die meer gericht is op het product, het nut ervan en de allesbepalende ROI.

- Om doeltreffend te zijn, moet een ondernemingsplan correct en objectief worden opgesteld. Fouten moeten tot elke prijs worden vermeden en je mag in geen geval schadelijke informatie verzwijgen, met het risico dat je onderneming instort.

- Het is belangrijk dat mensen buiten het project het bedrijfsplan goedkeuren om ervoor te zorgen dat het betrouwbaar en gemakkelijk te begrijpen is.

- Ten slotte moet het ondernemingsplan, naast een balanced scorecard, dienen als referentiedocument gedurende de eerste jaren na de lancering van de nieuwe onderneming of het nieuwe project dat erin wordt beschreven. Ondernemers moeten het kunnen gebruiken als benchmark om ervoor te zorgen dat de strategie naar behoren functioneert en het project winstgevend is. Indien nodig moeten de doelstellingen worden bijgesteld, wijzigingen worden aangebracht en nieuwe prognoses worden opgesteld.

VERDER LEZEN

BIBLIOGRAFIE

Abrams, R. (2014). *Het succesvolle bedrijfsplan: Secrets and Strategies*. Palo Alto: Planning Shop.

BECI. (Geen datum). *Ondernemingsplan : quels points aborder?* [Online]. [Geraadpleegd op 28 april 2015]. Beschikbaar op: < http://www.beci.be/services/je_cree_ma_societe/business_plan_quels_points_aborder/>

Ondernemer. (Geen datum). *Ondernemingsplan*. [Online]. [Accessed 28 April 2015]. Beschikbaar via: < http://www.entrepreneur.com/encyclopedia/business-plan>

Filion, L.J., Ananou, C. & Schmitt, C. (2012). *Réussir sa création d'entreprise sans business plan*. Parijs: Eyrolles.

Kotler, P., Keller, K. & Manceau, D. (2012). *Marketing Management*. [14ᵉ editie]. Montreuil: Pearson.

Lavinski, D. (2013). Business Plan Outline – 23 Point Checklist for Success. *Forbes*. [Online]. [Geraadpleegd op 28 april 2015]. Beschikbaar via: < http://www.forbes.com/sites/davelavinsky/2013/12/03/business-plan-outline-23-point-checklist-for-success/>

LICP. (2015). *Tableau de bord et reporting*. [Online]. [Geraadpleegd op 10 juni 2015]. Beschikbaar via Internet Archive: < http://web.archive.org/web/20150513051720/http://www.licp.fr/site/images/stories/pdf/BTS_cgo/p8_9_chap8.pdf>

Universiteit van Namen. (2013). Informatiegids. Le plan d'affaires ou business plan. *UNamur*. [Online]. [Geraadpleegd op 28 april 2015]. Beschikbaar via Internet Archive:

< http://web.archive.org/web/20130613005419/http://
www.unamur.be/recherche/utiles/optival/formations/
OPTIVALGuidePlanAffaires.pdf>

AANVULLENDE BRONNEN

Stutely, R. (2001). *The Definitive Business Plan: The Fast-Track to
Intelligent Business Planning for Executives and Entrepreneurs.*
Upper Saddle River: FT Press.

We horen graag van u! Laat
een reactie achter op jouw online bibliotheek
en deel je favoriete boeken op social media!

MASLOW'S
HIERARCHY
OF NEEDS

Gain vital insights into
how to motivate people

Personal
accomplishment
Esteem
Belonging
Security
Physiologic

THE SWOT
ANALYSIS

Strengths
Weaknesses
SWOT
Opportunities
Threats
Internal factors
External factors

Master ISBN: 9782808604574
Papier ISBN: 9782808605786
Wettelijk depot: D/2023/12603/5

Digitaal ontwerp: Primento,
de digitale partner van uitgevers.